Die Stipendiaten bei Carmignano

Kunstexpedition Italien 1995
15 Stipendiaten der Kunststiftung Landesbank Schleswig-Holstein
zu Gast in der Stadtgalerie im Sophienhof, Kiel

KunSt.

Workshop in Monterotondo

Morandi Räumen

Zu Besuch in der Villa Romana (Florenz) ↓

Pontormo in Lucca

Bronzino i.d. Uffizien

Direktor H.J. Burmeister

Kunstexpedition Italien 1995

Massa Marittima (Dom)

Rosso Fiorentino (Uffizien)

Toscana – Exkursion mit Studentinnen der Malklasse (199

Monterotondo Marittimo (Toscana)

◤ EMSDETTENER KUNSTVEREIN
GALERIE MÜNSTERLAND · FRIEDRICHSTRASSE 3 · 48282 EMSDETTEN

Emsdettener Kunstverein, Emsdetten	**23. November – 21. Dezember 1997**
Kunstforeningen Pakhuset, Nykøbing Sj. (DK)	**16. Mai – 14. Juni 1998**
Galerie nemo, Eckernförde	**Herbst 1998**

		INHALT
Die Gemälde	4	

Peter Nagel
Theater-Engel – Entstehungsgeschichte eines Gemäldes   26

Gouachen und Grafiken   31

Jens Christian Jensen
Nachdenken über die Malerei von Peter Nagel   36

Fotografische Bewegungsstudien   39

Heinrich Hahne
Aura oder Bügelfalte
Tiefe Sprünge: Bilder von Peter Nagel auf nordischer Tournee   40

Peter Nagel
Das Projekt „Kunstexpedition" Italien 1995   43

Peter Nagel
Vom Abbild zum Sinnbild   46

Biografie   47

Arbeiten in öffentlichen Sammlungen   49

Ausgewählte Ausstellungen   50

Impressum   52

Ö 257 Sie-ihn-er-sie, 1991/92, Eitempera auf Leinwand, Diptychon, 200 x 144 cm

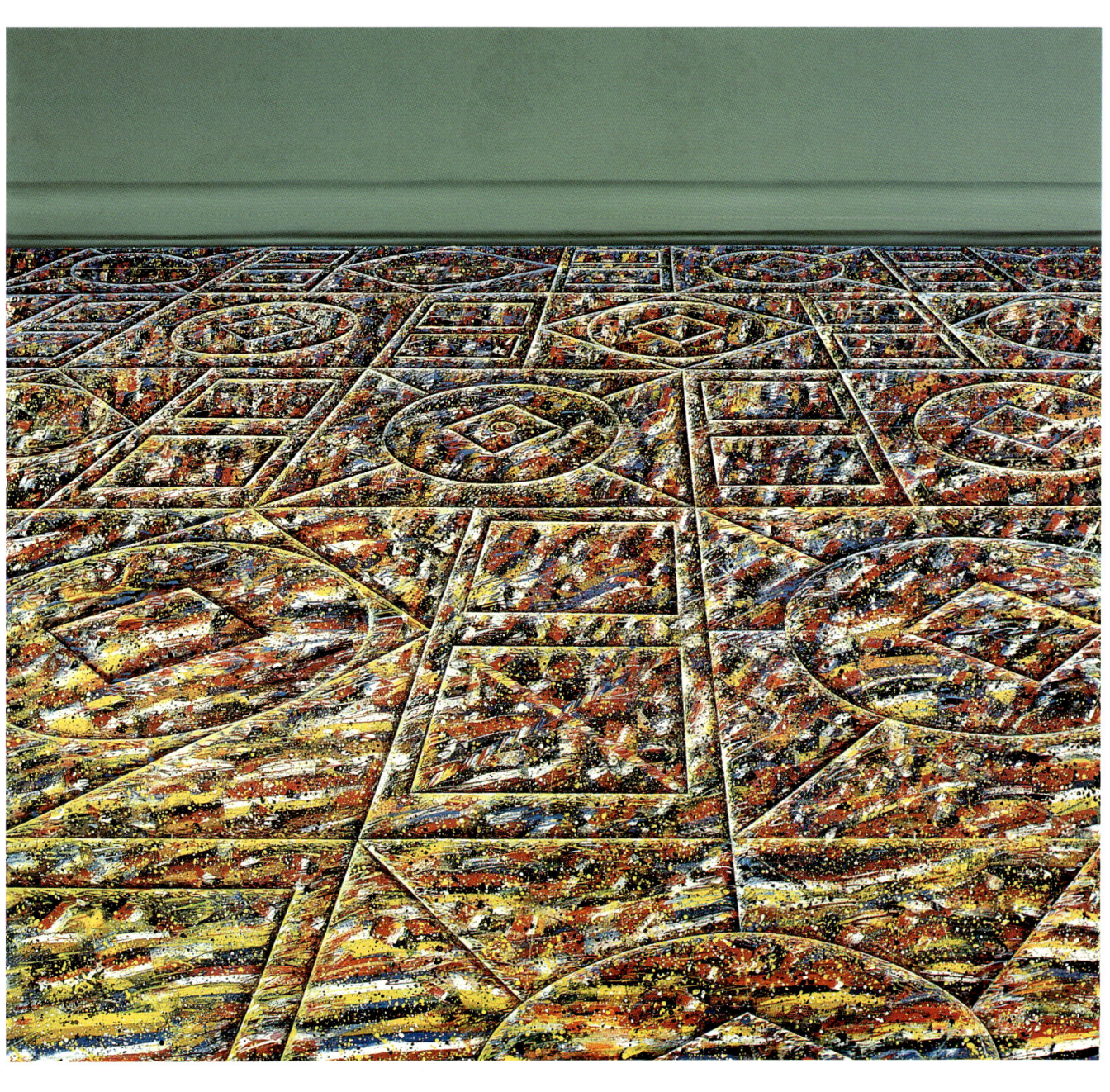

Ö 264 Florentiner Fußboden I, 1994, Acryl/Eitempera auf Leinwand, 110 x 120 cm

Ö 261 Tina mit Kegel, 1992/1993, Eitempera auf Leinwand, 98 x 94 cm

Ö 265 Sturzflug-Attrappe, 1994, Eitempera auf Leinwand, 110 x 120 cm

Ö 267 Kleiner Sprung (Zustand), 1994/1995, Öl/Acryl auf Leinwand, 50 x 40 cm

Ö 274 Mädchen mit Sittich, 1995, Öl auf Leinwand, 45 x 55 cm
Ö 266 Drei Kartons, 1994, Öl auf Leinwand, 43 x 51 cm

Ö 272 Stilleben mit Tu-Wörtern, 1994/1995, Acryl/Eitempera auf Leinwand, 200 x 200 cm

Ö 268 Mann mit Schublade, 1994, Öl auf Leinwand, ca. 40 x 30 cm

Ö 271 Schachteln und Steine, 1994/1995, Eitempera/Öl auf Papier auf Holz, 51,5 x 53,5 cm
Ö 269 Restfliesen, 1994, Öl auf Leinwand, 35 x 40 cm

Ö 275 Attrappenfigur, 1995,
Acryl/Öl auf Leinwand auf Holz, 62 x 45 cm

Ö 270 Sprung über den Tisch, 1994/1995,
Öl auf Leinwand auf Holz, 60 x 62,5 cm

Ö 276 Zwei Kartons auf rundem Tisch, 1995, Acryl/Öl auf Leinwand, 40 x 40 cm
Ö 277 Stilleben mit Steinen und Karton, 1995, Acryl/Öl auf Leinwand auf Holz, 30 x 35 cm

Ö 278 Tina und blauer Tisch, 1996, Eitempera auf Leinwand, 40 x 40 cm, Ø 38 cm

Anordnung, 1996, Bleistiftzeichnung, 66 x 96,5 cm

Ö 273 Anordnung, 1995, Eitempera auf Leinwand, 150 x 200 cm

Ö 280 Mann mit Zahnlücke, 1996, Eitempera auf Leinwand, 100 x 100 cm

Ö 279 Florentiner Fußboden II, 1996, Acryl/Eitempera auf Leinwand auf Holz, Ø 240 cm

Ö 283 Ein Sittichleben, 1995/1997, Acryl/Eitempera auf Leinwand, 100 x 100 cm

Ö 285 Performance mit Häusern, 1997, Acryl/Öl auf Leinwand auf Holz, 35 x 45 cm

Ö 282 Selbst mit Hasen, 1995/1997, Acryl/Eitempera auf Rupfen, 100 x 100 cm

Ö 286 Mit Maske, 1997, Eitempera/Öl auf Leinwand, 59 5 x 49 5 cm

Ö 287 Zwergenwerfen I, 1997, Öl auf Leinwand, 50 x 50 cm

Ö 284 Theater-Engel, 1996/1997,
Eitempera auf Leinwand,
240 x 110 cm

Peter Nagel

„Theater-Engel"   Entstehungsgeschichte eines Gemäldes

Die Bildidee entwickelte sich 1995 auf unserer „Kunstexpedition" nach Italien. Dem Hinweis eines Kollegen folgend fuhr unsere Gruppe in den kleinen Ort Carmignano (auf dem Weg von Florenz nach Pistoia). In der an sich unscheinbaren Kirche St. Michele befindet sich ein großartiges Gemälde des Manieristen Jacopo Pontormo (1494-1556), die „Heimsuchung" von 1528/29. Das biblische Thema, u.a. auch von Malern wie Ghirlandaio und Albertinelli gemalt, stellt den Besuch der Christus-Mutter Maria bei ihrer wesentlich älteren Cousine Elisabeth dar. Diese – ebenfalls in freudiger Erwartung – wird die Mutter von Johannes (später „der Täufer" genannt).

Die außergewöhnliche Qualität von Pontormos Gemälde hinsichtlich der Komposition, der Charakteristik der Gesichter, der antiklassischen Farbgebung und der Spiritualität des „fruchtbaren Moments" traf uns alle wie der Blitz.
Da wir in Florenz bereits andere Heimsuchungsversionen gesehen hatten, reizte mich eine vergleichende Betrachtung. Ich schlug vor, die unterschiedlichen

Bildauffassungen in lebenden Bildern nachzustellen und diese fotografisch festzuhalten. Da wir so schnell keine Kleidung mit ausdrucksvollen Faltenwürfen auftreiben konnten, mußten wir improvisieren und benutzten neutralfarbenen Malnessel als schlichten Umhang.

Die plastischen Grauwerte der fotografierten Gewänder einmal durch kräftige Farben ersetzen zu wollen, danach stand mir gerade nach der intensiven Auseinandersetzung mit dem Florentiner Manierismus um 1500 der Sinn. Man sagt, daß diese Zeit des „Aufbruchs" als Beginn der modernen Malerei anzusehen sei. Tatsächlich müssen die schrillgrenzenden Farben len, fast ans Bunte Rosso Fiorentino bei Pontormo und nach den Wohlklängen der Hochrenaissance provozierend neu gewirkt haben. Farbe wird antinaturalistisch als Ausdrucksfarbe eingesetzt und kündigt damit spätere Entwicklungen der Verselbständigung bereits an.

Aus Sandra und Iris, die sich als Modelle zur Verfügung gestellt hatten, sollten Engelsfiguren werden. Das beschloß ich, als ich im Oktober 1996 als Gastkünstler der Villa Romana (Florenz) in dem Atelier „Limonaia" meine Leinwand aufspannen durfte. Transportgründe ließen mich die Arbeit zweiteilig planen. Zwei Leinwände (120 × 110 cm) ergaben übereinander

27

ein schlankes Hochformat von 2,40 m Höhe. Das hatte auch den Vorteil, daß ich beim Arbeiten nicht auf der Leiter stehen mußte, sondern nacheinander zwei handliche Bildtafeln malen konnte.

Konsequenzen hatte das allerdings für die räumliche Konzeption meiner Bildfläche. Die Figuren – so wollte ich es – sollten in statischer Haltung gewissermaßen wie in einem Aufzug an einer getäfelten Wand, die rechts nach hinten zurückweicht, emporschweben. Die perspektivische Vorzeichnung ergab, daß es günstig wäre, wenn eine Fluchtlinie (Enge) identisch mit dem Stoß zwischen der oberen und unteren Bildtafel sei.

Die Kargheit der getäfelten Wand, die die amorphen Engelsgestalten wie ein Koordinatensystem einbinden, das an den Minimalismus einer modernen Theater- oder Operninszenierung erinnern. Die Engel fliegen deshalb nicht dynamisch durch den Bildraum, weil sie gar keine "wirklichen" Engel sind – sondern Engelsdarstellerinnen Irgendein (unsichtbarer) Mechanismus mag sie sanft in die Höhe gleiten lassen.

Im November 1996 schaffte ich es gerade die Untermalung und Vorzeichnung sowie die erste Malschicht der Figuren anzulegen. Außerdem machte ich eine vorläufige Probe des Hintergrundverlaufs vom Krapplack zum Hellblau. Die graduelle Abstufung in Eitempera mit dem Marderhaarpinsel zu malen, ist pro Tafel in einem Durchgang von links nach rechts in einem Tagewerk (ca. 9-18 Uhr) zu schaffen. Vier Verläufe schaffte

ich davon bis Mitte Dezember 97 – die Arbeit an den ebenfalls aufzuhellenden Fugen aufgenommen. Ob für solche Farbverläufe nicht die Spritzpistole hilfreich sei? Bei aller angestrebter Glätte der Malerei ist mir ein leichter handwerklicher Pinselduktus doch wichtig für die Oberflächenwirkung.

Mit dem PKW brachte ich das unfertige Bild erst einmal nach Deutschland, wo es längere Zeit im Kleinflintbeker Atelier stand. Es kostet immer etwas Überwindung, bevor ich die zweite Malhaut beginne. Auch die gedankliche Beschäftigung mit dem Bild gehört zu dem Entstehungsprozeß. Und dann sind da auch noch meine Lehrtätigkeit und neue Bildideen, die nach Verwirklichung drängen.

Erst im August 1997 ging das Gemälde wieder mit dem Auto nach Italien in unser toscanisches Atelier. Bei der Hitze um „ferragosto" zog ich einen gut durchlüfteten, schattigen Platz unter einem Sonnenschirm zum Arbeiten vor. Zunächst wurden die Figuren ergänzt und in einem 2. Malgang übermalt. Die Leuchtkraft verstärkte sich, der Kontrast von hell und dunkel wurde noch einmal betont.

Das Filetstück sparte ich mir bis zum Schluß auf: Die Flügel der Engel zu malen. Zwar hatte ich den linken Flügel schon in Florenz begonnen, hier wurde er in minutiöser Feinarbeit fortgesetzt. Und der blaue auch. Sicherlich eine Geduldsarbeit, aber eben geeignet in „Portionen" Tag für Tag vervollständigt zu werden. Unterbrechungen sind möglich – und nötig! Denn es gibt

in der Toscana ja neben dem Malen noch andere Dinge, mit denen man sich lustvoll beschäftigen kann.

Das Mißgeschick

Das nagel-neue Gemälde „Theater-Engel" sollte am 20. X. 97 im Rahmen einer Professor Innen – Ausstellung „Aller Anfang und jetzt" in Kiel ausgestellt werden. In der Hektik der Vorbereitung insbesondere beim Versuch, beide Bildtafeln zu montieren, setzte ich meinen Elektrobohrer so unglücklich an, daß er sich auf der Rückseite der unteren Tafel in einem Stück Leinwand verfing, mir aus der Hand drehte und sich die Leinwand einrollend um den Rahmen herum in die gemalte Fläche hineinfraß. Die beiden ca. 25 cm langen Risse wurden für die Ausstellung notdürftig geleimt und retouchiert. Kein Wunder, daß ich diesen Unfall zunächst wie eine Verletzung am eigenen Körper empfand. Zum Glücke hakte ich das Mißgeschick sehr schnell ab mit der trockenen Erkenntnis, daß solcherlei Dinge eben auch zu einem Malerleben gehören. Also, ich werde wohl oder übel noch einmal den gesamten Vorlauf (oben und unten) neu malen müssen – in 4 Tagewerken, wenn alles gut geht. Denn bis zur Einzelausstellung im Kunstverein Emsdetten sind nur noch wenige Wochen Zeit.

Kleinflintbek, Oktober 97

Selbst mit Papphasen, 1991,
Gouache auf Papier, 38,5 x 43,2 cm

Stilleben mit Kartons und sechs Steinen, 1994,
Gouache/Öl auf Papier, 35 x 33 cm

Kleine Raumecke, 1996,
Gouache auf Papier, 42 x 40 cm

Tina und Stilleben, 1992,
Gouache auf Papier, 27 x 31,5 cm

Springtau treppab, 1992, Aquarell, 26,5 x 16 cm

Versuch mit Pappkartons, 1992, Pinselzeichnung, 25 x 38 cm
Selbst mit Hasen, 1992, Mezzotinto-Radierung (handkoloriert), 33 x 40 cm

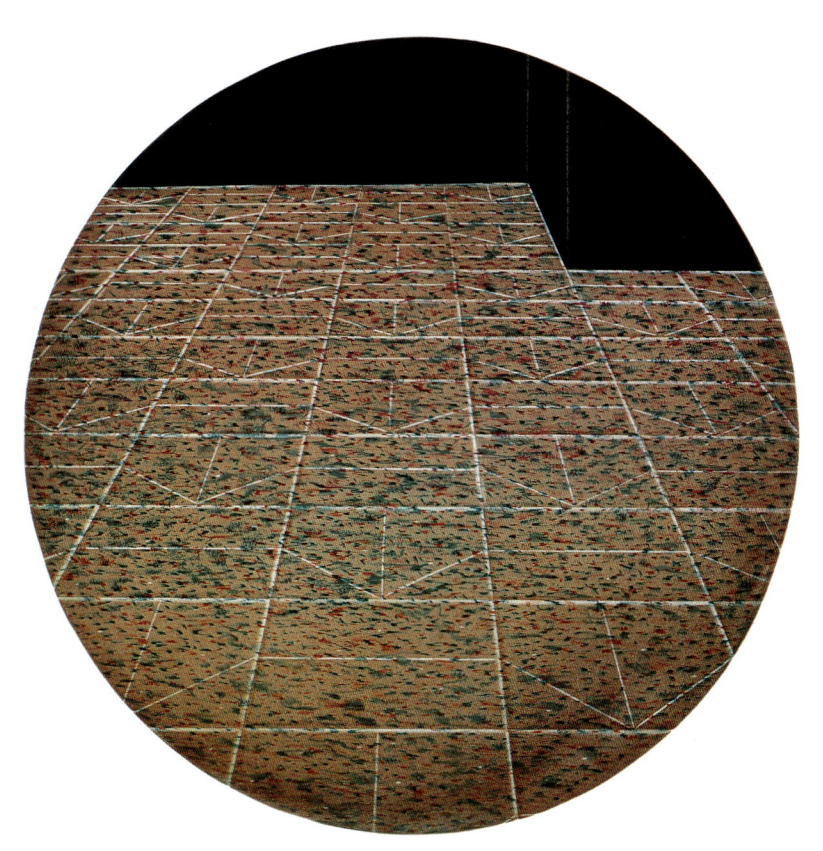

Sprung vom roten Stuhl, 1997, Mezzotinto-Radierung (handkoloriert), 59,5 x 49,5 cm
Florentiner Fußboden, 1997, Mezzotinto-/Aquatinta-Radierung, Ø 49 cm

Theater-Engel, 1997, Mezzotinto-Radierung, 100 x 50 cm

Jens Christian Jensen

Nachdenken über die Malerei von Peter Nagel

Wenn man einen Künstler und sein Werk länger als 25 Jahre kennt, seine Entwicklung verfolgt, seine Krisen und Aufschwünge registriert, zum Teil miterlebt hat, ist es nicht leicht, eine gewisse notwendige Distanz wiederzugewinnen, um das Werk von seinen Anfängen bis heute ins Auge zu fassen. Hinzu kommt ein persönlicher Charakterzug von mir: Künstler, die ich lange kenne und mit denen mich eine freundschaftliche Sympathie verbindet, haben es bei mir schwer. Ich stehe ihrem Schaffen kritischer gegenüber als ich in der Regel sonst mit Kunst und Künstlern umgehe. Die Nähe zwingt mich dazu, mich immer wieder um Objektivität zu bemühen, die generell von Museumsleuten als mehr oder weniger erfüllte Forderung grundsätzlich anerkannt wird, denn sie ist eine Voraussetzung dieses Berufes.

Überblicke ich also Peter Nagels Malerei, so fällt zuerst auf, daß er sich selbst treu geblieben ist. 1966 wurde er als herausragendes Mitglied der von ihm mitbegründeten Gruppe ZEBRA mit einem Schlage bekannt mit dem Bekenntnis zur gegenständlichen Malerei, zum Foto als Initiative zur Bildfindung, zu einem den individuellen Malduktus negierenden, glatten und harten Farbauftrag, zu einer Bildgestalt, die kompaktes plastisches Volumen gegen flächige Leere setzte; Dinge erhielten kräftige Buntfarben, Körper und Gesichter wurden Grau in Grau gemalt: Der Mensch wurde überwältigt von der bestürzenden realen Präsenz der Tücher, der Bälle, der Möbel, der Luftballons, Windsäkke oder Klettergerüste.

Es war kein Zufall, daß die Gruppe ZEBRA in dem historischen Zeitpunkt auftrat, als die amerikanische POP-art Europas Kunstszenen eroberte. War der Hamburger Dieter Asmus der theoretische Kopf der Künstlergruppe, so war der Maler Nagel der kreative Innovator von ZEBRA. Das hat dazu geführt, daß bis zum Beginn der siebziger Jahre so gut wie alle deutschen Museen und so manches Museum im Ausland Bilder des Künstlers ankauften.

Aber ab 1973/75 änderten sich die Trends. Der Erfolg der ZEBRA-Künstler wiederholte sich in größerem Maßstab um 1980 mit der „Wilden Malerei", deren Akteure an die Malerei der deutschen Expressionisten neu anknüpften.
Doch deren „heftiger" Farbauftrag, deren skizzenhaft vehemente Formensprache, die einer Wiedergeburt der Malerei gleichkam, stellten dem präzisen, zur surrealen Vereinzelung von Dingen und Figuren tendierenden ZEBRA-Stil, wie er am überzeugendsten von Peter Nagel vorgetragen wurde, von ganz anderer Seite her in Frage.

Das hatte zur Folge, daß sich an Nagels Bildern der achtziger Jahre eine gewisse Verunsicherung ablesen läßt. Im Rückgriff auf seine von der ZEBRA-Malerei bestimmten Anfänge, versuchte der Künstler seine strengen Bildkonzepte mit Partien spontaner freier Farbsetzungen aufzulockern, die

Spielplatz II, 1970
Museum Münster

Fußball, 1970 (remake) 1989

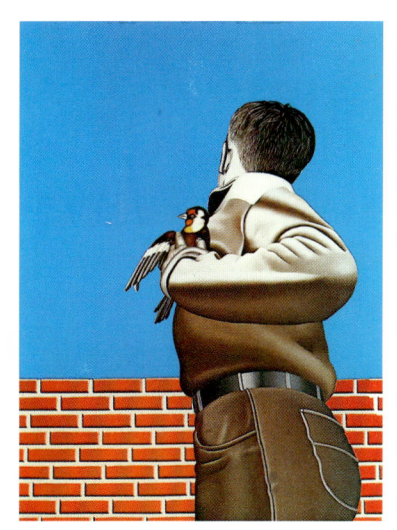

Junge mit Zeisig, 1970
Sammlung Ludwig

Hysterie, 1989/90

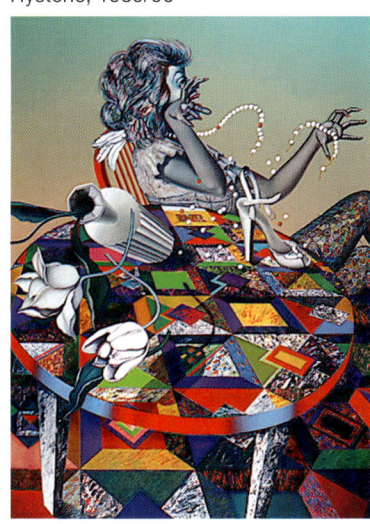

die akkurate Gegenständlichkeit der Dinge und Figuren mit Farbstrudeln und für sich stehenden, also autonomen Farbemanationen sowie deutlichem Pinselduktus geradezu konterkarierten. Daß in dieser Phase interessante, an die Grenze des Beherrschbaren gehende Bilder entstanden, sei ausdrücklich angemerkt, ich denke an „Hysterie" (Abb. vorn) von 1989/90, ein Werk auf der Kippe, ich denke an das einprägsame „Springtau" von 1988 oder an den Ensor-haften „Welkenden Strauß" von 1984.

Kein Zweifel: In diesen Jahren rang Peter Nagel um sein ursprüngliches Bildkonzept. Er stellte es in Frage, erprobte seine Schlüssigkeit, indem er es mit anderen Konzepten konfrontierte, er erprobte dessen Tragfähigkeit bis zur Gefahr nicht zu verdeckender Brüche. Er versuchte neue Bildthemen in seine Malerei hereinzuholen wie etwa psychische menschliche Zustände, wie z.B. eben „Hysterie", oder „Der Witz" (1989/90), „Trunkenheit" (1989) oder „Weinen üben" (1985). Die Gefahr des Illustrativen konnte dabei zwangsläufig nicht immer vermieden werden. Der Künstler selbst hat dieser für ihn schwierigen Schaffensphase mit der ihm eigenen Ehrlichkeit in einer Bildfolge, rücksichtslos gegen sich selbst, Gestalt gegeben. Ich meine die Bilder mit dem Titel „Kunststück II bis IV (Aufschwung)", die 1986/87 entstanden: Der Künstler hängt an der Reckstange, einmal stürzen Farbtöpfe, ein anderes Mal Tulpenblüten herab; mit aller Kraft versucht er den Aufschwung. Ungewiß bleibt, ob er es schafft, sich nach oben zu ziehen (– doch dieses Oben hiesse nur, auf der Stange, auf schmalem Grat den alten artistischen Zustand ständiger Balance-Findung wieder zu erreichen, der die Existenz des Künstlers im 20. Jahrhundert beispielhaft in eine bildhafte Methapher faßt).

Diese Phase abgründiger Ambivalenz, die Nagel ausgehalten hat, betrifft nicht allein ihn als eine persönliche Problematik, sondern sie kennzeichnet die Existenz des Künstlers in diesem Jahrhundert. Es gibt kaum einen Künstler, dessen Erfolg, der immer auch mit einer bestimmten Zeitströmung zu tun hat, nicht nach einer gewissen Zeit verebbte, – Großmeister einmal ausgenommen (doch die kann es nach dem Tod noch härter treffen, siehe Lenbach). Seit 1945 haben sich diese Erfolgszeiten generell verkürzt, man spricht heute von etwa fünf Jahren, in der die allgemeine Anerkennung eines Künstlers währt. Das hat nur bedingt mit dem Schaffen des Künstlers zu tun, vielmehr ist es abhängig von Moden, von Trends. Ein Künstler, der aus dem Glanz öffentlichen Erfolges herausfällt, muß sich nach der Substanz, nach dem Sinn seiner Arbeit fragen. Eine neue Qualität wird von ihm gefordert, – nicht die der Anpassung und nicht die des Adaptierens von Moden –, sondern verlangt wird von ihm die Qualität des Durchhaltens seiner ursprünglichen Imagination, die verteidigt, neu erlebt und unbeirrt im Werk bestätigt sein will, auch und gerade unabhängig von öffentlichen Meinungen. Ich glaube, für einen Künstler gibt es keinen anderen Weg, sein Bilddenken als Quelle eigenständiger Erfindung zu bewahren. Daß das nichts mit „Auf-der-Stelle-treten" zu tun hat, sondern daß neue Seherlebnisse und

Springtau 1988

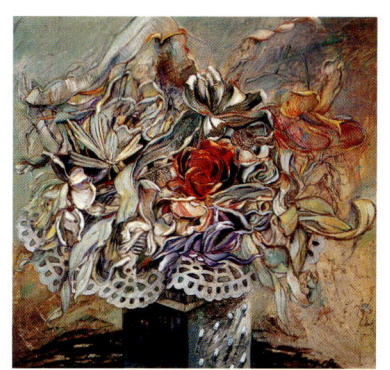

Welkender Strauß, 1984

Trunkenheit, 1989

Kunststück II (Aufschwung), 1986

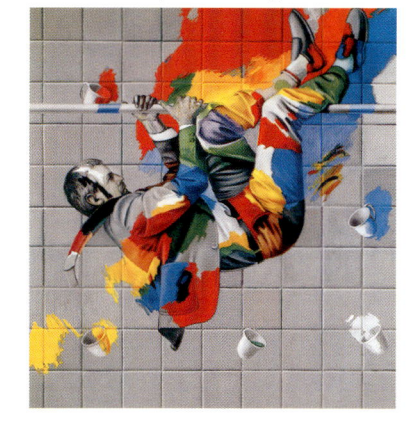

wachsende Erfahrungen das Schaffen verändern und verwandeln, ist dabei selbstverständlich. Ich denke, Peter Nagel hat die Irritationen, die er durch Anverwandlungen meisterte, hinter sich gelassen. Seit 1990 ist die Einheitlichkeit des Bildes und seiner formalen Mittel zurückgewonnen. Dabei ist die Differenzierung der malerischen Mittel als Gewinn aus den Jahren der Verunsicherung zu verbuchen. Die Leere der Bildgründe, die scharfe Vereinzelung der Figuren ist neu legitimiert und überzeugend inszeniert. Der Florenz-Aufenthalt im Jahr 1994 hat Nagel auf diesem Weg bestätigt. Dort ist der „Florentiner Fußboden" entstanden. Ich wüßte keinen deutschen Maler, der heute ein solches Bild präziser Leere und reicher Farbigkeit konzipieren könnte. Das gilt auch für die Bilder mit klaffend ausgeklappten Kartondeckeln, die z. B. auf nacktem Steinboden Inhaltslosigkeit demonstrieren in kaltem Grisaille, eine Metapher für die Seelenlosigkeit unserer Fernsehlandschaft, aber gültig aufgehoben in einer fast absolut zu nennenden Bildgestalt (s. „Sturzflug-Attrappe" von 1994). Dazu gehören die Tische, auf deren mit Tüchern überdeckten Plattenrund banale Wort-Karten oder Karton-Reste liegen. Dazu gehören die Bilder mit Einzelfiguren vor leeren Zimmerwänden; sie werfen Zwerge, springen vom Stuhl ins Nichts oder beugen sich als Akt zum nackten Boden herab.

Diese neu gewonnene Kraft zu rigoroser Reduktion der Bildgestalt in Verbindung mit einer Malerei, die nicht allein verdeutlicht, nicht allein Figuren und Gegenstände detailliert beschreibt, sondern in Farbflächen einen Eigenwert erreicht, der das Bild mit Farblicht erfüllt, – diese Kraft scheint mir für Nagels Malerei zukunftsweisend zu sein. Dabei verhehle ich nicht, daß mich gerade diese kargen, strengen Bildkonzepte, in denen die Farbflächen als zu eigenem Ausdruck befreit erscheinen, stärker betreffen als die Bilder bunter Fülle.

Wie weit solche Malerei in die Öffentlichkeit, ins Heute wirkt, lasse ich dahingestellt. Für das Schaffen Peter Nagels ist diese Frage von untergeordneter Bedeutung. Ich jedenfalls glaube daran, daß sich Bildqualität so oder so durchsetzt, wenn nicht heute, so morgen, so in Zukunft. Auch der Maler Peter Nagel glaubt das, – sonst hätte er den Pinsel längst aus der Hand gelegt.

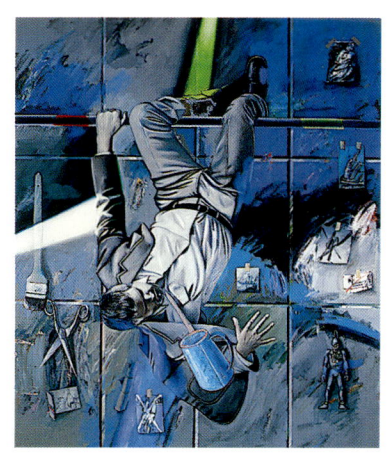

Kunststück III, 1987

Sturzflug-Attrappe, 1994

Drei Kartons, 1994

Zwergenwerfen I, 1997

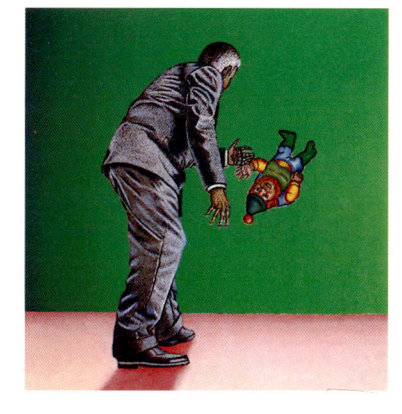

Vorarbeiten für Malerei

1997
für das Bild
„Bildhauer-Atelier"

Proportions-
Studie für
„Mann mit
Zahnlücke"

Der Abdruck dieser Rezension (FAZ vom 25. November 1993) ist eine Hommage an den 1995 verstorbenen Schriftsteller und Kunstkritiker Heinrich Hahne:

Aura oder Bügelfalte

Tiefe Sprünge: Bilder von Peter Nagel auf nordischer Tournee

Eine nordische Tournee führt gegenwärtig etwa fünfzig Bilder, Gouachen und Graphiken des Kieler Malers Peter Nagel durch Dänemark und Polen. Sie ist vermittelt durch die „Ars Baltica", eine Einrichtung, mit der das Land Schleswig-Holstein kulturelle Wechselbeziehungen zwischen den Ostseeländern fördert. Station ist gegenwärtig das Museum im dänischen Silkeborg. Nagels Werke beeindrucken durch ihre Klarheit in Struktur und Kolorit, durch die Vielfalt ihrer Themen und ihre offene Lebensgesinnung. Sie tradieren die Tendenzen einer Gruppe, die – im „Zebra-Manifest" von 1965 gegen das damalige Informel und den früheren Konstruktivismus – eine neue Wirklichkeitsmalerei ankündigte. Das Manifest programmiert zwar einen „Neuen Realismus"; doch wird man auch diese Bilder weniger an ihrem Konzept als dieses Konzept, wofern überhaupt, an den Bildern erörtern.

Natur und Gesellschaft, die bevorzugten Themen traditioneller Realisten, kommen hier kaum vor. Männer und Frauen, zumeist im mittleren Lebensalter, weder Individualisten noch Repräsentanten einer Solidarität, bilden den bevorzugten Gegenstand dieser Kunst. Gepflegt und kultiviert, wie man so sagt, geben sie sich als die Namenlosen eines aktuellen Zeitstils. Im Minirock die einen, die anderen im Zweireiher mit betonter Bügelfalte, sind sie meistens in zielstrebiger Bewegung. In ihren müderen Stunden suchen sie nicht mehr Zuflucht bei den „Dingen" der Benn-Zeit. Mit Rosen, Amaryllen oder dem Wein im Krug haben sie nichts mehr im Sinn. Sie geben sich weder mythisch noch mystisch und laborieren nicht an den „Seelenauswürfen" eines fragmentarischen Daseins. In ihrer Freizeit hantieren sie mit Attrappen oder mit Kartons, mit Fäden oder Seilen zur Nutzung wie zum Spiel.

Hier hat selbst die ehrwürdige und manchmal so frustrierte und frustrierende Moderne ihre Aura eingebüßt. In den Jahren seiner Proklamation hat dieser Realismus von einer gewissen Nähe zur Popart profitiert; inzwischen hat ihn seine damals nur programmierte Wirklichkeit eingeholt. Er ist deswegen nicht überholt, wohl aber als Kunst frei geworden. Das Wirkliche, soweit es im unmittelbaren Erlebnis zugänglich wird, selbst seine komischen oder abstoßenden Züge sind für Peter Nagel interessant; Utopien oder moralisierende Wirklichkeitskorrekturen im Bilde lehnt er mit dem Hinweis ab, daß ihm hinreichende Erfahrungen und Kenntnisse aus dem Soziobereich fehlen und er mit Dafürhaltungen nicht langweilen möchte. So steht die Kunst im Vordergrund dieser Kunst.

Offene Bildräume werden durch eine neutrale, scheinbar monochrome Rückwand und durch eine in der Regel perspektivische Standfläche angedeutet. In ihnen

Fadenspiel, 1990

Balance, 1993

Das Geschenk, 1990/91

agieren die plastischen Personnagen wie auf einer Bühne. Sie neigen zur Übertreibung bis hin zu unwirklichen Exaltationen. Ein Knabe balanciert ein System von fünf farbigen Stühlen, das von drei Wellensittichen in einer fast klassischen Komposition fixiert wird. Zumeist bilden existentielle Situationen das Aktionszentrum, etwa die Überraschung durch ein Geschenk, ein Witz ohne erkennbare Pointe oder ein Spiel mit Sportgeräten. Um so stärker fällt die immanente Instabilität der Figuren auf. Sie wiegen sich in den Knien, tanzen oder tänzeln und schweben sogar, wenn sie von einem Stuhl in die Tiefe springen. Halten sie an, im Dasitzen zum Beispiel, so bleibt es offen, ob sie, was unwahrscheinlich ist, meditieren oder „abschalten". Darin und nicht nur im gespreizten Gestikulieren einer Hysterikerin (Abb. vorn) deuten sich Manierismen an, wie sie sich in gewissen Phasen realistischer Grundkonzeptionen bemerkbar machen.

Peter Nagel, dem der Kult des nur Wünschenswerten nicht liegt, der das Fremde oder Befremdliche der Wirklichkeit nicht sucht, um sich damit in Szene zu setzen, dessen Pathos sich nicht in avantgardistischen Übersteigerungen verflüchtigt, stellt sich dem Vorgefundenen bis ins Detail, bis in die Zehenspitzen eines Hundes oder die Maserungen von glänzenden Tulpenblättern. Doch weit von einer realistischen Verdoppelung entfernt, gestaltet er das Typische, in welchem sich das Konkrete verallgemeinert.

Dem dient auch die Farbe, die Domäne dieser unverwechselbaren Malerei. Sie moduliert die Wand eines Raumes aus dem Grau der Ränder hinüber ins Hellere der Mittelfläche. Ein Blau, wenn es den Grundton eines Bildes bestimmt, wird mit ultramarinblauen Pigmenten gesättigt, wie sich auch die Lokalfarbe nicht verdoppelt, sondern im Bildganzen aufgeht. Die Bekleidungen aus reflektierenden Kunstfasern changieren in vibrierenden Effekten. Die farbigen Prismen eines Fußbodens oder unechter Substanzen glitzern wie Kristalle. Sie sind allerdings nicht zeitenspezifisch. Schon Mephisto hat in seinen „Wanderjahren kristallisiertes Menschenvolk gesehen".

So verhehlen diese Bilder, zwar programmatisch mit der erfahrbaren Wirklichkeit konfrontiert, nicht ihr interesseloses Wohlgefallen am schönen Schein und dessen Mitteilbarkeit in der Kunst. Zu ihrer Wirklichkeit gehört die flächige Banalität eines Lebens ohne Sinn für Herkunft oder Hingang, gehört gewiß die problemlose Selbstgefälligkeit des Augenblicks, doch dazu auch die abrupte Katastrophe des Terroristenattentats auf dem Bahnhof von Bologna. Das „Stilleben mit brennendem Buch" ist nicht ein routinierter Protest dagegen, sondern die eindringliche Darstellung einer Erfahrung. Zum Realismus dieser Kunst gehören die „Markierten Küken", die im Grisaille-Grau ihres blassen Gefieders erstarren, die auf den Köpfen mit Kreuzen in einer der drei Grundfarben zum Abtransport sor-tiert sind und in deren weit offenen Augen sich nicht einmal ein Reflex des animalischen Elends regt.

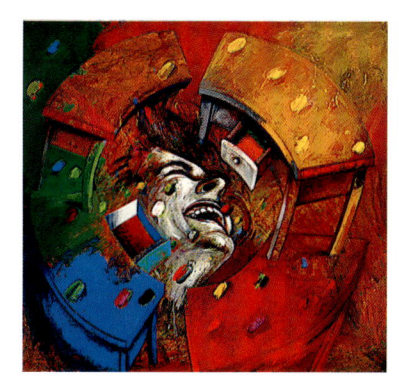

Der Witz II, 1989/90

Sprung vom roten Stuhl, 1991

Selbst mit Tieren, 1992

Stilleben mit brennendem Buch, 1988

Markierte Küken, 1975/76

Ö 260 Selbst mit Tieren, 1992, Eitempera auf Leinwand, 190 x 221 cm

Peter Nagel

Das Projekt „Kunstexpedition" Italien 1995

Sechse zogen durch die Welt – dieses alte Kindermärchen hat mich von je her besonders fasziniert. Gemeinsam zieht eine Gruppe von Leuten durch die Lande und meistert auch die größten Schwierigkeiten, indem jeder eine spezielle Fähigkeit zum Nutzen aller einsetzt. In der Summe wird dadurch mehr erreicht als jeder, auf sich allein gestellt, zu leisten imstande sein würde. Um bei den Märchen zu bleiben: Der Späher hat solch einen Scharfblick, daß er durch dichteste Häuserwände sehen kann, der Horcher kommt mit seinem Lauschangriff an wertvolle Informationen aus weiter Ferne heran, und als sich ein unüberwindlicher See in den Weg stellt, säuft der Dicke ihn einfach leer. Das ist wirklich ein Modell für interdisziplinäre Zusammenarbeit, wie man heute sagen würde.

Mein Projekt einer „Kunstexpedition", das ich als Kurator der Kunststiftung Landesbank Schleswig-Holstein für das Projektjahr 1995 erdacht habe und betreuen durfte, ist nicht zuletzt auf meine positive Erfahrung mit dem Arbeiten in der Gruppe zurückzuführen. Schon in der Künstlergruppe ZEBRA habe ich die Vorteile geistiger Zusammenarbeit kennengelernt, bei der jeder seine Ideen, Fähigkeiten und Kenntnisse einbringt und alle davon profitieren. Allerdings waren es im Mai 1995 nicht sechse, sondern 14 Stipendiaten der Kunststiftung, die sich auf den Weg nach Italien machten.

Gedanken zum Förderungskonzept

An dieser Stelle möchte ich ein nachdrückliches Plädoyer für die Einrichtung des Kurators oder der Kuratorin halten. Ich kann mir kaum vorstellen, daß bei einer mehrköpfigen Jury, bestehend aus MuseumsleiterInnen, Galeristen und der Kulturverwaltung mein Projekt hätte mehrheitsfähig werden können. So durfte ich als Alleinverantwortlicher ganz parteiisch sein und ungeniert meinen Vorlieben fröhnen. Und das ist für einen Maler nun mal die Malerei, die im heutigen Kunstbetrieb zwar eine kleine Renaissance erfährt, es aber doch insgesamt gesehen schwer hat. Neue Impulse zu vermitteln durch die Beschäftigung u.a. mit den revolutionären Bildern des Florentiner Manierismus um 1500 war mein Anliegen. Durch die Gestaltungsfreiheit eines alleinverantwortlichen Kurators oder einer Kuratorin werden spannende Vielfalt, außergewöhnliche Konzepte und belebende Abwechslung ermöglicht. Wenn Pluralismus ein besonderes Wesensmerkmal der Kunst unserer Zeit ist, kann er sich bei diesem Förderungskonzept besonders entfalten, weil die Auswahl keiner nivellierenden Juryarbeit unterliegt.

Die Vielfalt der Gruppe

Daß eine Kunststiftung Landesbank vorzugsweise Schleswig-Holsteinische Nachwuchskünstlerinnen und -künstler fördern will, ist verständlich. Und wenn Sie die Lebensläufe durchlesen, werden Sie häufig den Hinweis „Muthesi-

us-Hochschule" finden. Tatsächlich sind die meisten ehemalige, zwei von ihnen sogar aktuell Studierende an unserer Schule. Und noch eine Verbindung gibt es. Wie das jüngst eingerichtete „Forum" eine Stätte interdisziplinärer Zusammenarbeit werden soll, kann unsere Kunstexpedition als eine Art Probelauf für dieses Modell dienen. Neben Malerinnen und Malern waren in unserer Gruppe ein Kunsthistoriker, eine Fotografin und eine Kommunikations-Designerin sowie solche MalerInnen, die sich auch mit Bildhauerei, Architektur oder Kunstpädagogik beschäftigen – sozusagen Doppelbegabungen. Auch stilistisch war innerhalb der gemeinsamen Präferenz für Malerei eine große Bandbreite vom Realismus bis zur absoluten Malerei angestrebt worden, was Ihnen diese Ausstellung deutlich vor Augen führt. Ich sprach von Vorlieben und subjektiver Auswahl, von denen der Kurator sich ungeniert leiten lassen darf. So war mir natürlich bewußt, daß meine ganz persönliche Festlegung der Reiseroute sich nicht unbedingt mit den Wünschen der eingeladenen KünstlerInnen decken mußte. Statt Würzburg, Mantua, Florenz, Volterra, Lucca und Colmar hätten ja auch Mönchengladbach, Düsseldorf, Zürich, Mailand und Venedig die Zielorte sein können. So gesehen war mein Angebot eine Herausforderung, mit der ich allerdings niemanden auf die direkte künstlerische Auseinandersetzung mit den alten Meisterwerken verpflichten wollte. Wer mit eregierten Augen durch Italien zieht, findet Bildwürdiges in Hülle und Fülle. Und entsprechend sehen Sie in dieser Ausstellung (Stadtgalerie Kiel 1996) neben der Replik auf Alt-

meisterliches, die Parodie auf Pathos genauso wie die unmittelbare malerische Umsetzung von Architektur- und Landschaftseindrücken.

Diskussionsansätze

Die unsere gesamte Reise begleitende Frage nach zeitlosen Qualitätskriterien führte gerade in der Beurteilung des Manierismus zu kontroversen Diskussionen. Ursprünglich in der kunsthistorischen Bewertung als exzentrischer Zwischenstil zwischen Renaissance und Barock eher negativ eingestuft, hat der Manierismus in den letzten Jahrzehnten eine deutliche Aufwertung erfahren. Ist es also angemessen, den Manierismus auf dem Hintergrund unseres heutigen Zeitgeistes zu sehen, oder muß man ihn ganz aus seiner Zeit um 1500 zu erklären versuchen?

Wenn wir ein prototypisches Gemälde wie Pontormos „Grablegung" (S. Felicita, Firenze) betrachten, so ist schon verständlich, daß die irri(t)sierende Farbigkeit, die bis an die Grenze zur Buntheit, ja Süßlichkeit geht, in seiner „modernen" Schrille und Gewagtheit viele Betrachter in höchstes Erstaunen versetzt.
Auch in formaler Hinsicht ist das in leuchtenden Farben und bewegten Volumina verschmelzende Figurenkonglomerat wie ein expandierendes Superzeichen vor den abgedunkelten Hintergrund gesetzt. Kompositionell scheint hier Paul Klee bereits vorweggenommen, der von der individuellen Form (hier: Figuren, Faltenwürfe) als Teil der dividuellen Form (hier: zusammengefaßte Figurengruppen) spricht. Die antiklassische und in dieser Zeit absolut in-

novative Haltung wird aber besonders auch in inhaltlicher Sicht deutlich. Nicht der geschundene Schmerzensmann, die grenzenlose Trauer und damit das Mitleiden des Betrachters ist der Kern der Darstellung, sondern die Überwindung des Leidens, das Eintreten der Stille, ein seltsamer Frieden in den Gesichtern, sozusagen als Erfüllung der christlichen Botschaft. Durch die Wahl dieses ungewöhnlichen „fruchtbaren Moments" wird eine transzendente Bildwirkung von einer über die Szenerie hinausweisenden Aussagekraft erreicht. Darin liegt für mich die besondere Leistung Pontormos.

Anderen in unserer Gruppe ist die Künstlichkeit und das übersteigerte Pathos der „Grablegung" zu penetrant, was dem Bild eine glaubhafte, auf echten Empfindungen beruhende Inhaltlichkeit raube. Diese sehen im Manierismus eine vorwiegend formalistische, allerdings neuartige, sehr vom Kopf gesteuerte Stilphase, die auffallende Parallelen zur Kunst unserer Zeit zeige. Auch heute gibt es eine konzeptualistische Richtung, die die „idea" in den Mittelpunkt stellt und auf ausgeklügelte Kombinatorik und nie gesehene Stilkontraste setzt.

Wenn es um die Kraft der Wirkung, die Aussage von Kunst geht – besonders geistlicher Kunst – wird eine objektive Beurteilung problematisch, weil Betroffenheit zu sehr abhängt von Naturell und Gestimmtheit des Betrachters – und von seiner Konfession. Man müßte einen Diskurs über Frömmigkeit und Glauben anfangen, und das will ich hier nicht tun. Am Ende unserer Kunstexpedition stand der Besuch von Grünewalds „Isenheimer Altar" in Colmar. Ein Höhepunkt, der uns die erfolgreiche Italienexpedition doch noch einmal in einem anderen Licht erscheinen ließ. Wenn bei einem Kunstwerk die Zusammenhangdichte aller Faktoren wie Form, Farbe, Dramaturgie, Originalität der Komposition und inhaltliche Tiefe so eindrucksvoll erreicht ist wie in Grünewalds Meisterwerk, könnte man diese höchste Stufe künstlerischer Qualität mit dem Begriff der „Spiritualität" bezeichnen. In den Augen eines mitreisenden Künstlers schienen gegenüber der Kraft des Isenheimer Altars die Machwerke des Manierismus als theatralische Inszenierungen zu verblassen. Er erinnerte mit sarkastischen Worten an den todesfrohen Gesichtsausdruck des Christus auf Rosso Fiorentinos „Kreuzabnahme" in Volterra.

Ich ordnete diese Meinung für mich als typisch norddeutsch-protestantische ein. Das üppige Zeremoniell einer südländischen Kirchenfeier ist für uns nüchterne Nordmenschen immer noch befremdlich, genauso wie die Formorgien barocker Kirchenarchitektur. Es scheint mir jedoch unzulässig, die Theatralik italienischer Kunst vorschnell als bombastisch und weniger innerlich abzuqualifizieren, genauso wie die pittoresken Prozessionen oder die Emphase einer italienischen Opernarie.

Italia – Germania. Es lebe der Unterschied beider Kulturen, die Andersartigkeit der Mentalitäten und die großartige Kunst, die Künstlerinnen und Künstler beider Länder hervorgebracht haben.

Salute !

Wahrnehmungstraining im Malsaal (80er Jahre)    Toscana-Exkursion 1995

Peter Nagel

Vom Abbild zum Sinnbild

Eine reichhaltige Minestrone komponiert aus 15 verschiedenen Gemüsesorten verbreitet ihren Duft im toscanischen Bauernhaus. Nach einem Tag, an dem wir unsere nähere Umgebung zeichnend und malend erforscht haben, treffen wir uns abends zur gemeinsamen Essens- und Gesprächsrunde. Wir – das ist eine Gruppe von zehn StudentInnen der Malklasse, die eine 14-tägige Toscana-Exkursion unternehmen. Die zwölfte dürfte es nun schon sein im Laufe von 10 Jahren.

Künstlerische Lehre in einem Eldorado von Sinnlichkeit für Augen, Hand und Gaumen geht wie von selbst. Den farbigen Reichtum der Landschaft vom Schwarzgrün der schlanken Zypressen bis zum silbrigen Graugrün der Oliven, die Formen der an den Berg geklebten Bauten zu erleben, setzt kreative Kräfte frei, die – nachweislich – bei vielen StudentInnen diese Exkursionen zu einem entscheidenden Schlüsselerlebnis werden lassen.

Der Weg vom Wahrnehmungstraining zur verdichtenden Abstraktion hat sich für bestimmte Temperamente beim Studium der Kunst immer wieder bewährt – auch heute noch. Analog zur Entwicklung der Künste ändern sich die Methoden und Haltungen. Zum klassischen Naturstudium tritt beispielsweise die Sammeltätigkeit, die fotografische Bestandsaufnahme, die Störversuche durch Eingriffe und Infragestellen der sichtbaren Wirklichkeit.

Die Minestrone ist verspeist. Eigentlich soll der Tag jetzt ausklingen bei unserer abendlichen Gesprächsrunde. Doch es gibt noch etwas zu tun. Jemand meldet, draußen in der Kühle der Nacht schlachte Bonino ein Lamm. Im Scheinwerfer erinnert der aufgeschlitzte Körper in seiner blutigen Farbkraft an ein ähnliches Gemälde des Franzosen Soutine. Schnell sind einige Feldstaffeleien aufgestellt und einige Lampen gesetzt. Diese Gelegenheit dürfen wir uns nicht entgehen lassen. Es gibt noch etwas zu malen.

46

Foto: Krautwald

Biographie

1941	geboren in Kiel
1960-65	Hochschule für bildende Künste, Hamburg bei Wienert, Kluth, Gecelli, Mavignier
1965	Gründung der Gruppe ZEBRA; Künstlerisches Examen für das Lehramt
1966	Studienaufenthalt in London (Studienstiftung)
seit 1968	freier Maler
1969	Kunstpreis der Deutschen Akademie in Rom „Villa Massimo"; Preis der Deutschen Bundesregierung für Malerei beim „Premio Fiorino", Florenz; Mitglied des Deutschen Künstlerbundes
1970	1. Preis bei der internationalen Triennale für farbige Druckgraphik, Grenchen (Schweiz)
1971	2. Triennale India, „honour of mention"; Stipendium des Kulturkreises im Bundesverband der Deutschen Industrie
1976	Stipendium der „Villa Massimo", Rom; Biennale der Radierung (Mulhouse), Preis des Regierungspräsidenten von Freiburg/Breisgau
1977	Kulturpreis der Stadt Kiel
1979	artist in residence, Israel; Ausstattung des Balletts „Der Zauberladen", Kiel
1980	Ausstattung von Hans-Werner Henzes Kinderoper" Pollicino" (Montepulciano/Italien)
1981	Ehrengast der Deutschen Akademie, „Villa Massimo", Rom; Mitglied der Freien Akademie, Hamburg
1982	Projektstipendium des Kunstfonds für architekturbezogene Malerei
1983	Ausstattung des Balletts „Peer Gynt", Kiel; Preisträger beim Wettbewerb „Künstlerflaggen für Europa", Mannheim; „workshop" in Indien
1985	Professur für Malerei
1990	Ausstattung des Balletts „Der Dreispitz", Kiel
1994	Gastkünstler in der „Villa Romana", Florenz
1995	Kurator der Kunststiftung Landesbank Schleswig-Holstein
1996	Gastkünstler in der „Villa Romana", Florenz

lebt in Flintbek bei Kiel und in der Toscana

Thomas Grachowiak eröffnet die Ausstellung der Gruppe ZEBRA, Recklinghausen 1968

Im Kleinflintbeker Atelier 1985, Arbeit an „Weinen üben"

Arbeiten in öffentlichen Sammlungen

Kulturbehörde, Hamburg

Staatsgemäldesammlungen, Stuttgart

Landesmuseum Schloß Gottorf, Schleswig

Städtische Sammlungen, Kiel, Karlsruhe, Wolfsburg, Darmstadt, Nordhorn, Bochum, Neumünster, Schleswig , Viersen

Kulturstiftung des Landes Schleswig-Holstein

Bürgergalerie Kiel

Sammlung Ludwig, Neue Galerie, Aachen

Bayerische Staatsgemäldesammlungen, München

Kunstmuseum Aarhus/Dänemark

Landesmuseum für Kunst- und Kulturgeschichte, Münster

Kunstmuseum, Düsseldorf

Museé Chantonal des Beaux-Arts Lausanne, Schweiz

Kunstmuseum, Basel

Clemens-Sels-Museum, Neuss

Kunsthalle zu Kiel

Kunsthalle, Hamburg

Sprengel Museum, Hannover

Museum Saarbrücken

Nationalmuseum Wroclaw, Polen

Galeria d'arte moderna, Rom

Städtische Galerie, Schloß Oberhausen

König-Brauerei, Duisburg

Kunstmuseum Flensburg

Kunsthalle Recklinghausen

Sammlung der Bundesregierung

Nationalgalerie Neu Delhi

Kunstsammlung Neubrandenburg

Sammlung Villa Romana, Florenz

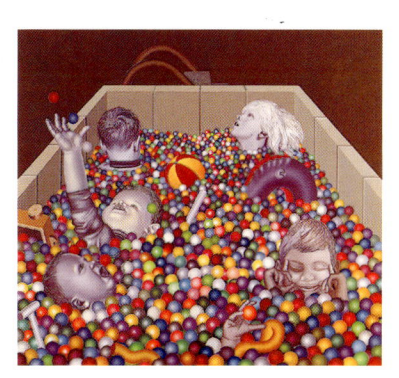

Spielkiste I, 1972/73
Sprengel-Museum, Hannover

Zuchtforelle, 1970
Museum Wolfsburg

Junge mit Tulpenstrauß, 1979
Kunsthalle zu Kiel

Ausgewählte Ausstellungen (seit 1974)
E = Einzelausstellung

1974 Europäische Realisten - Amerikanische Hyperrealisten, Hannover, Rotterdam, Paris, Milano
Galerie Krzysztofory, Krakow (Polen) E
1975 Ruhrfestspiele Recklinghausen
1976 Internationale Triennale für farbige Druckgrafik, Grenchen (Schweiz)
Galleria Il nuovo Torcoliere, Rom E
Galerie Dierks, Aarhus E
Studio Jaeschke, Bochum E
1977 Palais des arts et de la culture, Brest (Graphik) E
Galerie Schmücking, Braunschweig E
Realisten in Hamburg, Danzig
Realistische Kunst in Deutschland, Kassel
11 Deutsche Maler, Kiel
1978 Retrospektive Villa Massimo, Baden-Baden, Saarbrücken
Realisten in Hamburg, USA
Galerie Walther, Düsseldorf E
Galerie Nouvelle, Horsens/ Dänemark E
Kunsthalle zu Kiel (Retrospektive) E
1979 Tel Aviv, Haifa, Beer Sheva, Israel (Graphik) E
Deutsche Realisten, Warschau
Intergrafik, Ostberlin
1980 Grafik aus der Bundesrepublik, Oslo
Deutsche Realisten, Canada
1981 Grafik aus der BRD, Cuba
Kunstverein Mannheim E
1982 Galerie Radicke, Washington (Graphik) E
Studio Jaeschke, Bochum E
1983 Deutsche Malerei, Moskau, Leningrad
Wanderausstellung (u.a. Bombay, New Delhi)
1984 Galerie Poll, Berlin
Nationalpinakothek Athen, „Dreißig deutsche Maler"
Kunstlandschaft Bundesrepublik, Wesel, Bocholt
Kunstverein Augsburg E
Galerie nemo, Eckernförde E
Oberhessisches Museum, Gießen E

1985 Bamberger Haus Rendsburg E
Kunstkreis Hameln E
Randers Kunstmuseum, Dänemark E
Ostsee-Biennale, Rostock
National Galery of Modern Art, New Delhi
1986 IX. Biennal Barcelona
1987 Kunstsalon Tallinn, Estland E
Galerie nemo, Eckernförde E
Nicolai-Kirche, Kopenhagen
1988 Aus westdeutschen Ateliers, Bulgarien
1989 Thalatta-Thalatta, Regensburg
40 Jahre BRD - 40 Maler, Mannheim
Fußball in der Kunst, Kaiserslautern, Düren
40 Jahre Kunst in der BRD, Oberhausen, Berlin
Durchsicht (40 Jahre BRD), Kiel
1990 Begegnungen, Rostock
Vertrauen ins Bild, Studio Jaeschke, Bochum, Leverkusen
1991 Aspekte der 80er Jahre, Schleswig
Vertrauen ins Bild, Studio Jaeschke, Kiel
Galerie nemo und Heimatmuseum, Eckernförde E
1992 Lukas-Cranach-Preis, Kronach
1993 Realismus Triennale, Berlin (Gropiusbau)
Galerie Poll, Berlin (Zeichnungen)
Kappeln (Schlei), Rathaus E
Silkeborg Kunstmuseum (Dänemark) E
1994 Fåborg Kunstmuseum (Dänemark) E
Baltycka Galeria Sztuki, Ustka (Polen) E
1995 Grafik-Triennale Tallinn (Estland)
1997 "Künstler malen Schilder", Rottweil
Internationale Triennale der Druckgrafik, Grenchen (Schweiz)
„Gift for India", Neu Delhi
Sechs Professoren der Muthesius-Hochschule, Kiel
Kunstverein Emsdetten E

Teilnahme an den Ausstellungen der Gruppe ZEBRA, des Deutschen Künstlerbundes, der Darmstädter Sezession, "Große Kunstausstellung München" und den Schleswig-Holsteinischen Landesschauen.

Ustka (Polen) 1994

Fåborg (Dänemark) 1994

„Künstlerschild" für Rottweil 1997 (Entwurf)

Sturzflug, 1997, Mezzotinto/Aquatinta-Radierung (handkoloriert), 31 x 33 cm, Auflage: 50 Ex.
Vorzugsausgabe für die Ausstellungstournee

		IMPRESSUM
Herausgeber	EMSDETTENER KUNSTVEREIN Galerie Münsterland Friedrichstr. 3, 48282 Emsdetten	
Verlag	Galerie NEMO 24340 Eckernförde ISBN-Nr. 3-928 404-09-1	
Gestaltung	Peter Nagel	
Fotos	Boeters, Habbe, Leutzinger, Krautwald, Rothaug	
Autoren	Jens Christian Jensen Heinrich Hahne Peter Nagel	
Lithos	Litho- und Scannertechnik, Kiel	
Druck	Carius Druck, Kiel	
Auflage	850	
Copyright	EMSDETTENER KUNSTVEREIN, die Autoren und Fotografen	

Tulpenstrauß, 1983

*Ein besonderer Dank gilt den
Institutionen und Menschen,
die die Realisierung dieses
Kataloges ermöglicht haben:
Provinzial Brandkasse, Kiel
Versicherungsanstalt Schleswig-
Holstein
Sparkassen- und Giroverband
für Schleswig-Holstein
und ein Emsdettener Kunstfreund*

Peter Nagel

Im Juli 1996 wurde zum 20 jährigen Jubiläum des Bildungszentrums Kiel-Mettenhof das 300m² große Deckengemälde aufgefrischt.
Links: Restaurier. unter Mithilfe von Bruder Gert Nagel von einer hydraulischen Hebebühne aus.

Deckengemälde Kiel-Mettenhof (Totale) 1976/77

Atelier "Limonaia" (Villa Romana Florenz)

Villa Romana (Florenz) im Herbst 1996

Vorlage und Untermalung von "Theater-Engel" 1996

als Torwart des Pokalsieges "90 Jahre Muthesius-Hochschule"

← Projekt "Künstler machen Schilder" Rottweil 1997 Juni

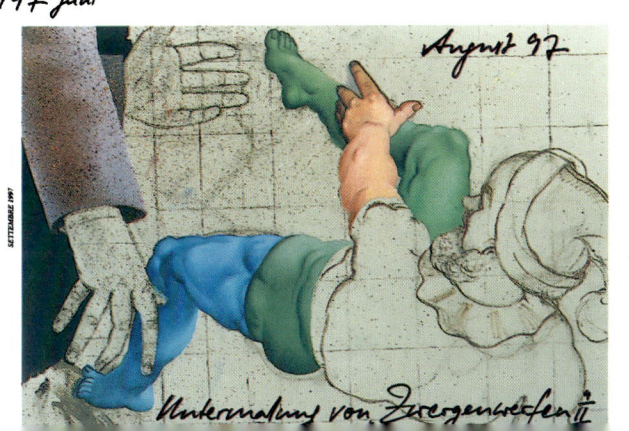

Kostüme nach Giotto u. Simone Martini

Juli 1997

10. XII. 97 historischer Umzug in Monterotondo (Toscana) von Pratini aus

August 97

Untermalung von "Zwergenwerfen II"